C/ Campezo, s/n - 28022 Madrid
Tel.: 913 009 115 - Fax: 913 009 110
ediciones@todolibro.es
Impreso en la UE

Diseño: Eduardo Trujillo
Ilustraciones: Eduardo Trujillo - Jesús López
Textos: Celia Ruiz Ibáñez

# Los Derechos del Niño

TODOLIBRO

**¡Este libro te interesa! La historia que aquí se cuenta explica, de forma sencilla, los Derechos del Niño. Al final del libro, aparecen resumidos los diez principios en los que se basan estos derechos.**

Un derecho es algo esencial, algo necesario, son actos absolutamente imprescindibles para poder seguir vivos. No se puede vivir sin ellos.

Se pretende que los gobiernos del mundo garanticen una serie de medidas fundamentales que aseguren el bienestar y el desarrollo de todos los niños y las niñas del mundo.

1. La no discriminación
2. El objetivo fundamental es buscar el interés del niño.
3. La supervivencia.
4. La participación de la familia y los organismos estatales en la educación y asistencia a los niños.

**Ahora ya solo te queda conocer tus derechos y exigir que se cumplan los tuyos y los de otros niños y niñas del planeta.**

**Un buen día,** un niño se encontró en el parque con una niña que acababa de llegar de un planeta lejano. Comenzaron a hablar y se hicieron amigos. La historia que vas a leer es la de esta amistad.

•¿Sabías que en la Tierra los niños somos los reyes de la casa hasta los dieciocho años? -preguntó el niño a su nueva amiga.

•En mi planeta sucede lo mismo. Cuando nace un niño o una niña, aparece una nueva estrella en el cielo. Todos se alegran tanto que esa noche hacen una gran fiesta. A partir de ese momento, la gente no deja de contemplarla. Si su luz amarillea o es poco intensa, la gente acude a la casa del niño para saber si está enfermo, le falta comida o no juega lo necesario.

•¿Cómo son las niñas y las niños de la Tierra? -preguntó la niña llegada de otro planeta.

•Somos como las flores y los pájaros -respondió el niño-, pues como ellos poseemos el don de alegrar la vida. Al igual que las flores, tenemos la piel de distintos colores. Nuestras voces y nuestras lenguas son tan variadas como el canto de los pájaros. A pesar de tantas diferencias, todos tenemos los mismos derechos.

•¡Qué suerte! -exclamó la niña-. En mi planeta no hay tanta variedad.

•¿Cómo es posible que tus papás te hayan dejado venir tan lejos siendo tú tan pequeña? ¿No tienes miedo? -preguntó el niño.

•¡Qué va! Sólo me dan miedo los monstruos de las películas. Y además -añadió la niña-, no estoy sola. He venido de viaje interplanetario con los profesores de mi colegio y ahora son ellos los que me cuidan.

## artículo 1

Los niños y niñas somos la esperanza del futuro. Por eso hasta los 18 años, seguimos siendo niños.

## artículo 2

Aunque somos diferentes, todos tenemos los mismos derechos.

## artículo 3

Desde el momento en que nacemos, todos están obligados a protegernos para que crezcamos sanos y felices.

## artículo 4

os estados vigilarán
ra que no nos falten
as cosas esenciales
ra vivir dignamente.

## artículo 5

Cada país debería ser
como una gran familia
que protegiese los
derechos de las
niñas y los niños.

## artículo 6

Todos vigilarán para
que cada recién nacido
pueda crecer en un
ambiente seguro
y feliz

Cuando somos pequeños, sólo nos sentimos seguros en los brazos de nuestra madre y de nuestro padre. Más tarde, la casa es el sitio más confortable. Después, descubrimos el parque, la escuela... Todos esos lugares los tenemos los niños para poder crecer seguros y felices.

Llevaban un buen rato hablando, cuando el niño de la Tierra dijo:
•Yo me llamo Santiago. ¿Y tú?
•Mi nombre es Martina. Me llamo así porque mi padre fue el primer viajero a Marte.
•A mí -dijo Santiago-, me pusieron ese nombre porque es el de mi padre.

De pronto, Santiago se puso muy serio y comentó:

•A algunos niños de la Tierra les ocurren cosas horribles. Cuando viven en un país que está en guerra, pierden todo lo que tenían y sus ojos se llenan de tristeza. Incluso, tienen que huir a otro país si quieren seguir vivos. ¿En tu planeta sucede los mismo?

•Antes también ocurrían cosas parecidas. Pero desde que se ha declarado la paz, las gentes no pueden pelearse y todos vivimos felices y tranquilos.

•¿Qué cosas te ponen triste a ti? -preguntó Santiago a Martina.

•A mí se me encoge el corazón cuando me entero de que un niño ha sido abandonado. Siempre que ocurre esta desgracia en mi planeta, todos los habitantes acudimos junto al niño o la niña para que no se sienta solo.

De pronto, Santiago exclamó:

•¡Qué contento estoy! Dentro de unos días me dan las vacaciones e iré con mi hermana a ver a mi padre. Vive muy lejos de aquí, en un país diferente. Cuando estoy con él, lo pasó tan bien como con mi madre. Hacemos excursiones, me lee libros, vemos películas... Y yo le abrazo muchas veces para demostrale todo lo que le quiero.

•Y tú, ¿cómo te llevas con tus padres? –preguntó Santiago a Martina.
La niña se quedó pensativa y, después de un buen rato, contestó:

•Aunque a veces se enfadan conmigo, me llevo bastante bien. Siempre me escuchan con mucha atención y suelen tener en cuenta lo que opino. Ahora que estoy tan lejos, les echo mucho de menos.

Santiago también habló de las relaciones con sus padres:

•Aunque son muy buenos conmigo, a veces me da la sensación de que no me entienden. Dicen que soy muy protestón, que me quejo por todo y que me paso las horas muertas en internet hablando con otros niños y niñas que viven lejos...

•¿Sabes lo que te digo? -respondió Martina-, que los protestones y quejicas son tus padres.

El repique de las campanas de una iglesia asustó a Martina.

•No pasa nada -le tranquilizó Santiago-; son las campanas que llaman a misa. Santiago le explicó qué era una misa y para qué iban los católicos a la iglesia.

•Además -añadió el niño- tengo amigos musulmanes que van a la mezquita y amigos hebreos que van a la sinagoga.

artículo 7
Tenemos derecho a un nombre, a disfrutar del amor de un padre y una madre y a tener una nacionalidad.
artículo 8
Nadie puede arrebatarnos las cosas que nos hacen sentir seguros y felices.
artículo 12
Los niños y las niñas somos libres para expresar nuestra opinión sobre lo que queremos y lo que nos disgusta.

artículo 9
Todos cuidarán del niño o la niña que se queda solo en este mundo.
artículos 10-11
Necesitamos del amor de nuestra madre y de nuestro padre para ser felices. Por eso estaremos cerca de los dos, aunque ellos estén separados.
artículo 13
¡Viva la libertad de expresión! Tenemos derecho de comunicarnos y de recibir la información que deseemos.

Entonces llegaron los amigos y las amigas de Santiago. Después de presentar a su nueva amiga, Ana preguntó:

•¿Venís con nosotros a jugar al fútbol?
•¿Qué es eso? -quiso saber Martina.
•Un juego muy fácil y divertido -contestó Juan.
En cuanto Martina entendió las reglas, comenzaron el partido.

Cuando acabó el partido, Santiago preguntó:

•¿Alguien tiene hambre?

Todos gritaron que sí y siguieron a su amigo.

La pandilla acabó aquella tarde en casa de Santiago. Después de merendar, todos se pusieron a jugar en el ordenador, excepto Ana y Martina.

La niña venida de otro planeta descubrió ese día lo divertidas e interesantes que son las historias que hay encerradas en los libros.

Este fue uno de los cuentos que leyó Martina:

Cierto día, en un lejano país, un hada buena se le apareció a un niño que estaba muy triste. Al verlo, el hada le dijo:

–Pídeme un deseo, haré lo que tú quieras para devolver la alegría a tus ojos.

Al oír aquellas palabras, el niño sonrió y dijo:

–Quiero que borres de todos los diccionarios y del corazón de las gentes las palabras abuso, castigo y explotación.
El hada así lo hizo y, desde entonces, los niños de aquel país fantástico viven confiados y felices.

**Santiago le presentó a Martina a su madre** y le contó todas las cosas maravillosas que le habían sucedido aquella tarde. Después, puso cara de, bueno, la que pone siempre que va a pedir algo y le dijo:

•Mamá, quiero que <<adoptemos>> a Martina hasta que se vaya a su planeta.

•¡Me parece una buena idea! Pero Martina debería decírselo a sus padres.

Inmediatamente, la niña pulsó la tecla roja de su cámara interplanetaria y se puso a hablar con su madre en un extraño lenguaje. En cuanto la conversación acabó, Martina exclamó:

-¡Me dejan quedarme! Mi madre os da las gracias. Ella hablará con mis profesores para comunicárselo.

Y Martina se quedó a vivir en casa de Santiago. Poco antes de la cena llegó María con su profesora. Aunque la hermana de Santiago no tenía la capacidad de ver, poseía el don de la simpatía y de la bondad. Y a su modo, veía las cosas. En cuanto oyó la voz de Martina, dijo:

•¡Qué suerte! A partir de ahora tendré una amiga mayor que yo.

A las tres de la madrugada, Santiago se sintió tan enfermo que llamó a su mamá:

•¡Me duele tanto el vientre que creo que voy a llorar!

La mamá le palpó la zona dolorida y gritó.

•¡Vamos inmediatamente al hospital! ¡Me temo que tienes apendicitis!

Horas después, Santiago salía del quirófano medio adormilado.

Esa misma tarde, Martina y María fueron a ver a Santiago al hospital.
•¡Vaya susto que nos ha dado! -dijo su hermana mientras lo besaba.
•¡Tampoco ha sido para tanto! -exclamó Santiago.
•Pues yo creo que has sido un chico muy valiente -comentó Martina, acariciándole la mano.
Riendo y charlando, pasaron juntos la tarde hasta que llegó la enfermera:
•Id despidiéndoos de este chico tan valiente porque se ha acabado la hora de visita.

## artículo 14

Como somos libres, tenemos derecho a practicar la religión y las creencias que deseemos.

## artículos 15-16

Descubrimos el mundo y nos divertimos con otros niños y con otras niñas. Aunque somos pequeños, merecemos un gran respeto.

## artículos 1

Los libros son nu
amigos y los neces
para crecer. Cuando
padres trabajan, d
estar debidamente a
por personas respo

## artículos 19-22

Ningún abuso o maltrato debe lastimar a nuestra inocencia. Ni un solo segundo puede estar un niño abandonado.

## artículo 23

Los niños y las niñas que más lo necesiten, recibirán cuidados especiales.

## artículos 24-25

En caso de enfermedad, se nos proporcionarán los cuidados necesarios para que volvamos a estar sanos y podamos jugar.

Aquella mañana, Santiago iba feliz al colegio. Por el camino daba vueltas y más vueltas a una idea que se le acababa de ocurrir y decidió hablar con su tutora. En cuanto la vio, se acercó a ella y le dijo:

•Profe, me gustaría poder asistir algún día a una clase de árabe con Alí y Fátima, que son mis amigos.

•Me parece muy bien. Pero te recuerdo que deberás estar muy callado y no molestar a tus compañeros.

Por las tardes, después de estudiar, los dos hermanos y Martina solían jugar un buen rato hasta la hora de cenar. Unas veces echaban una partida al parchís; otras, hacían puzzles o construcciones... Se divertían tanto juntos que el tiempo se les pasaba volando.

•Niños, poned la mesa.

•Mamá, espera un momentito, que estamos a punto de terminar.

Y mientras Santiago, María y Martina duermen tranquilos y confiados, otros niños y niñas del mundo no tienen la misma suerte. A esa misma hora, muchos son los que son explotados y trabajan horas y horas para poder comer un plato de arroz o un trozo de pan.

En ese mismo momento, otros niños y niñas del mundo padecen maltratos físicos o psicológicos. Algunos, incluso, son encarcelados, sin posibilidad de ser juzgados.

Y hay niños y niñas que viven en países terribles. En esos lugares tan monstruosos, en cuanto tienen un poco de fuerza les ponen un rifle en la mano para que vayan a la guerra.

Y mientras esto sucede en el mundo, Santiago, Martina y María sueñan en cosas agradables que les hacen sonreír.

## artículo 26

Para curarse, un niño
o una niña enfermos
necesitan de hospitales,
medicinas y mucho,
mucho cariño.

## artículos 32-36

Los únicos trabajos que
nos están permitidos
son estudiar, jugar
y soñar.

## artículos 37-38

Cuando se encarcela
a un niño, se atan sus alas.
¡Armas no, ni de juguete!

## artículos 27-29

Cuando un niño pasa hambre y no tiene una casa donde cobijarse, es difícil creer en el futuro. Aprender en los libros y en la escuela es el único trabajo que debemos hacer.

## artículos 30-31

Los niños y las niñas cuya lengua es distinta a la de los demás tienen derecho a estudiarla y practicarla. Y tras el estudio, disfrutaremos del descanso merecido.

## artículo 39

Los Estados están obligados a prestar una especial atención a los niños y a las niñas que han sido maltratados física o psicológicamente con el fin de que vuelvan a ser felices y confiados.

El tiempo fue pasando. Y un buen día, Martina tuvo que volver de nuevo a su casa. Todos lloraron al despedirse. Los dos niños se prometieron que nunca olvidarían los momentos tan maravillosos que habían vivido ni las cosas que juntos habían aprendido.

# Convención sobre los derechos del niño

## Principios

**I.** Todos los niños del mundo tienen los mismos derechos sin distinción de raza, color, sexo, idioma, religión, opiniones políticas, origen nacional o social, posición económica, nacimiento u otra condición.

**II.** El niño gozará de una protección especial y dispondrá de oportunidades para desarrollarse física, mental, moral, espiritual y socialmente de forma saludable.

**III.** El niño tiene derecho desde su nacimiento a un nombre y a una nacionalidad.

**IV.** El niño tendrá derecho a crecer y desarrollarse saludablemente. Tendrá derecho a disfrutar de alimentación, vivienda, recreo y servicios médicos adecuados.

**V.** El niño física o mentalmente impedido deberá recibir tratamiento, educación y cuidados especiales.

**VI.** El niño necesita de amor y comprensión. Deberá crecer junto a sus padres o en un ambiente de afecto y seguridad.

**VII.** El niño tiene derecho a recibir educación gratuita y obligatoria.

**VIII.** En circunstancias extraordinarias, los niños serán los primeros en recibir protección y socorro.

**IX.** El niño debe ser protegido contra toda forma de abandono, crueldad y explotación.

**X.** El niño debe ser protegido contra la discriminación racial, religiosa o de cualquier otro tipo y será educado en un espíritu de comprensión, tolerancia y amistad entre los pueblos.